# LETTRES PATEN-
## tes du Roy, confirmant l'establissement tant General que particulier, des Bureaux & Chambres Ecclesiastiques. En May 1626.

**A PARIS,**

Par ANTOINE ESTIENE, Imprimeur ordinaire du Roy, ruë S. Iacques, à l'Oliuier
de Rob. Estiene.

M. DC. XXVI.
*Auec Priuilege de sa Majesté.*

# *LETTRES PATENTES*

*du Roy , confirmant l'esta-blissement tant General que particulier , des Bureaux & Chambres Ecclesiastiques. En May 1626.*

LOVYS par la grace de Dieu , Roy de France & de Nauare , A tous pre-sens & à venir , Salut. Le feu Roy noſtre tres-honoré Sei-gneur & Pere, que Dieu abſoluë, par ſes Lettres Patentes dõnées au Camp

A

de Trauerſy le premier iour de May mil cinq cent quatre vingt ſeize, octroyées en conſequence d'autres des feus Roys Charles neufieſme & Henry troiſiéme, aux Deputez generaux du Clergé de ceſtuy noſtre Royaume, & pour les cauſes y contenuës, meſmement pour le ſoulagement des Eccleſiaſtiques & Beneficiers de ſon Royaume: Au lieu qu'anciennement il n'y auoit qu'vn Bureau & Chambre Eccleſiaſtique eſtablie en noſtre ville de Paris, pour cognoiſtre du fait des decimes & ſubuentions du Clergé, procez & differents meus en conſequence d'icelles; auroit eſtably par les Prouinces de ſon Royaume, iuſques au nóbre de huict Chambres & Bureaux Eccleſiaſtiques, aſçauoir, és villes de Paris, Tholoze, Lyon, Bordeaux, Rouën, Tours, Aix en

Prouence, & Bourges, pour iuger &
decider en dernier reſſort , de tous
procez & differends meuz & à mouuoir entre les Beneficiers, leurs rece-
ueurs & commis, tant pour les taxes
des deniers qui feront leuez ſur eux,
que de l'adminiſtration d'iceux, cir-
conſtances & dépendances: Et à chacun deſdits Bureaux & Chambres Eccleſiaſtiques , ordonné leur reſſort &
département des Dioceſes voiſins &
plus commodes , ſuiuant que plus à
plein eſt côtenu par leſdites Lettres de
noſtre dit feu Seigneur & pere , veri-
fiées où beſoin a eſté : & ſuiuant leſ-
quelles leſdits Bureaux & Chambres
Eccleſiaſtiques, ayans toſt apres eſté
eſtablies, ſe ſont maintenus & con-
ſeruez iuſques à preſent, iugé & deci-
dé des cauſes à eux attribuées, ſans
auoir pris aucune confirmation de

Nous, à noftre aduenement à la couronne, ny depuis lors du renouuelle-
mét du Contract paffé entre Nous &
les Deputez generaux du Clergé de
ceftuy noftre Royaume , au mois
d'Aouft, en fix cent quinze , combien
que noftre intention , & des Commif-
faires par Nous deputez pour paffer
ledit Contract, euft efté de confirmer
lefdits Bureaux , comme tous autres
priuileges & conceffions par Nous &
nos predeceffeurs , octroyées audit
Clergé. Par lequel cótract il a auffi efté
cóuenu pour le foulagemét des Beneficiers , & pour faciliter le payement
des decimes, Que les caufes qui font
de la cognoiffance & iurifdiction cy-
deuant accordée aux Bureaux , feront
iugées & decidées en premiere inftan-
ce par les Euefques , Syndics & deputez des Diocefes, fauf l'appel aufdits

Bureaux & Chambres Ecclesiastiques
establies par les Prouinces: Et quant
aux causes & differéts qui n'excederót
la somme de vingt liures en principal,
ils y seront iugez en dernier ressort,
& sans appel: Et auroit esté promis
ausdits Ecclesiastiques, toutes Lettres
& expeditions necessaires. A raison de-
quoy, pour éuiter à tout doute & dif-
ficulté qui s'en pourroit mouuoir,
les Agens generaux du Clergé nous
ont supplié leur octroyer nos Lettres de confirmation & declaration
pour ce necessaires, attendu mesme-
ment qu'encores de nouueau nous a-
uons continué & confirmé la mesme
concession & pouuoir par le dernier
Contract fait entre Nous & les Deputez generaux dudit Clergé, le vnziéme Feburier dernier. NOVS A CES
CAVSES, desirans conseruer, main-

tenir & augmenter toutes les conces-
siōs octroyées, & priuileges accordez
par le feu Roy, & autres nos prede-
cesseurs & Nous, ausdits Ecclesiastiques & Beneficiers de cestuy nostre
Royaume, DE nostre grace speciale,
pleine puissance & authorité Royale,
Auons en tant que besoin seroit, confirmé & continué, confirmons & con-
tinuons à perpetuité, l'establissement
desdits Bureaux & Chambres Ecclesiastiques, pouuoir, Iurisdiction &
ressort d'icelles en nosdittes villes de
Paris, Thoulouze, Lyon, Bourdeaux,
Roüen, Tours, Aix & Bourges, sui-
uant qu'il est côtenu ausdittes Lettres
de nostredit feu Seigneur & Pere, &
comme nous leur auons aussi accordé
par le renouuellement des Contracts
passez entre Nous & lesdits Deputez
du Clergé, dés huictiéme Aoust mille

six

six cents quinze & vnziéme Feurier
dernier: Lefquelles Lettres de noftre-
dit feu Seigneur & Pere, & tout le con-
tenu en icelles , enfemble tous actes &
iugements faits par lefdits Bureaux
& Chambres Ecclefiaftiques depuis
noftre aduenement à la Couronne , Enfemble les Bureaux particu-
liers de chacun Diocefe, Nous confirmons conformément aufdits
Contracts , & tout ainfi que fi dés
lors de noftre aduenement à la Couronne, nous euffions octroyé la pre-
fente Confirmation, & fans que par
faute d'icelle, on puiffe alleguer con-
tre iceux actes & iugements, aucunes
nullitez. Si DONNONS en man-
dement à nos amez & feaux Con-
feillers tenants nos Cours de Par-
lements, Chambres de nos Comptes,
Cours de nos Aydes, Baillifs, Senef-

B

chaux ou leurs Lieutenants , & à tous
autres nos Iuſticiers & Officiers qu'il
appartiendra chacun en droict ſoy,
Que deNos, preſente grace, Cõfirma-
tiọn & conceſſion, ils facent, ſouffrent
& laiſſent ioüir plainement , paiſible-
ment & perpetuellement leſdits Eccleſiaſtiques & Beneficiers , ſans en ce
leur eſtre fait , mis ou donné aucun
trouble où empeſchement au contraire. Et à ces fins faire lire , publier
& enregiſtrer ces preſentes où beſoin
ſera , au vidimus deſquelles collationné par l'vn de nos amez & feaux
Conſeillers Notaire & Secretaire Mai-
ſon & Couronne de France , Nous
voulons foy eſtre adiouſtée comme
au propre original : Le tout nonob-
ſtant tous Edicts, Declarations , Re-
ſtrinctions , & autres choſes qui ſe
pourroient alleguer au contraire, auſ-

quelles, & à la derogatoire des dero-
gatoires, nous auons de nos grace,
pouuoir & authorité susdite, dérogé
& dérogeons. CAR tel est nostre
plaisir. DONNE' à Fontainebleau au
mois de May, l'an de grace mil six
cens vingt six, & de nostre regne le
dix-septiéme,.

Signé,

LOVIS.

Et sur le reply, Par le Roy,
DE LOMENIE.
A costé *Visa*, & encore *Registrata*.

Et seellées du grand Seau de cire verte
en lacs de soye, rouge & verte.

*Collationné aux Originaux par moy Con-*
*seiller & Secretaire du Roy.*

## *Extraict du Priuilege du Roy.*

PAR Lettres Patentes du Roy, données à Fontainebleau, le 4. Septembre, 1625. Signées, SAVARY; Il est permis, pendant cinq ans, à ANTOINE ESTIENE, Imprimeur ordinaire de sa Majesté; Outre les trois liures des Edicts du Clergé, déja publiés, d'imprimer encor tous les autres Edicts, Lettres Patentes, Arrests, & autres choses concernant les affaires du Clergé de France, qui luy seront par cy-apres baillées par les Agents Generaux dudit Clergé: Auec defenses à tous autres, de les Imprimer, alterer, vendre, ny distribuer d'autre impression que dudit ESTIENE, à peine de mille liures d'amende, confiscation des exemplaires, & de tous despens, dommages & interests.

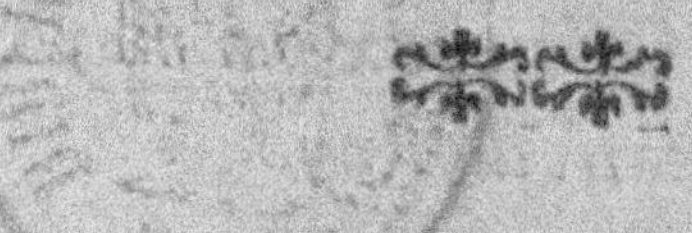